달마선다

達摩禪茶

달마 선다
達摩 禪茶

진 관 시집

한강

시집을 내며

❁

　오늘날에 '달마선다達摩禪茶'에 관심을 가진 것은 『차의 세계』를 발간하고 있는 최석환 선생을 만나면서다. 우리나라의 다인茶人 33명의 선다 사상을 접할 수 있어 매우 좋았다. 그동안 나에게는 차를 연구할 수 있는 시간적 여유가 없었다. 하지만 차에 대한 인연이 없는 것은 아니다. 출가 수행자로서 사미 선객 시절에 동화사 향곡 선사, 해인사 주지 지월 선사, 성철 선사가 주석 해인사 선원에서 다각을 했던 시절을 생각하면 달마선다達摩禪茶의 의미를 고찰할 수도 있다.

　달마 선사가 수행했던 동굴 앞에서

두 손을 모으고 달마 선사를 생각했네.
달마 선사의 선수행의 모습을 보며
내 심장에 남아 있는 달마차를 올린다.

달마 선사는 깊은 산속도 아니고
양자강이 내려다보이는 동굴에서
하늘이 강이 되고 강이 하늘이 되어
부처님의 바른 정법을 전하기 위해
중생을 위해 꽃봉오리에 앉아 있는 나비

날개를 접고 꽃을 피우는 날에
달마 선사는 서천으로 태양을 안고
무왕의 칼날을 가슴에 안고
갈잎을 타고 동굴을 떠나갔다는 전설을
심장에 남기고 있는 동굴에
달마차를 올리면서 눈물 흘리네.

달마 선사가 동굴에서 정진할 때
인연이 있는 모든 이들을 위해
기다리고 또 기다리는 정진의 모습을
선양하면서 선차를 선양하는 이들이
달마차를 정성으로 올리니 흠향하소서

특히 차에 대한 연구는 금관가야를 중심으로 5가

야 신라 고려를 거쳐 조선 시대에 차의 아버지 한재 이목 선생에 대한 연구를 할 수 있는 기회가 주어지고 다도 초의 선사가 지었다는 『동다송東茶頌』에 대해 쓴 원학 스님의 『향기로운 동다여 깨달음의 환희라네』를 읽으면서 차에 대한 역사성을 논해 보았다.

'동다집'이라는 의미를 '동다송'이라고 한 것 또한 송나라 시인 소동파를 섬기기 위함이라고 말할 수 있다. 초의가 소동파를 섬기고 있다는 것은 다도에 대한 역사를 밝혀내는 일이다.

『동다송』은 해거도인의 청으로 초의 선사에 의해 지었다. 『동다송』은 68행 장편 7언 송시에 차의 덕을 칭송하고 동국에서 생산하는 차에 대한 우수성을 노래했다. 해거도인 홍현주(1793~1865)는 정조 숙선공주 부마였다. 부마의 청을 들어 초의 선사는 『동다송』을 지었다.

차의 세계를 접하고 '다시茶詩'를 쓰려고 부처님 전에 발원을 하고 100여 편의 시를 창작했다. 초의 선사가 지은 『동다송』과는 다름을 말하고자 한다. 현봉 송광사 방장 스님이 쓴 『솔과 바람 차 향기』와 금봉 스님의 『다송자』와도 다르다. 그동안 수행자로서 정진할 시기에 함께 차를 마신 선사 스님들과의 선다 이야기를 시로 표현을 했다.

차를 마시는 선승들의 미소는
도솔천 내원궁에 미륵님의 눈빛
달마선다 차나무를 심어서 차를 마시면
마음에 문이 열리는 신새벽이 된다.

하늘에 떠 있는 별처럼 맑은 별
차밭을 거닐다 보면 생각은
어느덧 충담 스님의 노래
신라 남산에 울려 퍼지네.

국토를 장엄하는 옥토 밭에 차나무
지리산 줄기 따라 녹차밭이 열리고
산봉 위에 떠 있는 초승달이 되어라
별아 너는 어서 녹차밭에 이슬을 내려
살아 있는 생명을 지키게 하라.

―〈달마선다達摩禪茶〉

  이러한 생각을 하면서 달마차를 마시는 행복은 선승의 깨달음이네. 수행자에게 주어진 녹차밭을 순행하는 것이라고 생각한다. 오늘날 김해시에서 개발한 장군 차의 원조는 김수로왕과 허황후에 의해서 재배된 인도에서 온 차라고 논증한다. 특히 김수로왕 15대손인 신라 30대 법민왕에 올린 차인데 법민왕이 가락 왕묘 제향 시기에 제물로 차를 올렸다.

장군 차라고 한 것은 고려 충렬왕 시대의 그날을 기억하려고 하는 것으로 오늘에도 그날의 의미를 인정해야 한다. 차의 역사를 논한다는 것은 장군 차의 역사인 것이다. 한국 차의 선구자 명원 김미희 보살을 생전에 내가 친견했다면 다도에 대한 역사를 연구할 수도 있었을 것이다.

　시인으로서 차에 대한 시를 창작하려는 것은 다선일미의 선승들의 수행자적인 면을 생각해 보려는 것이다. 선을 수행의 기초로 여긴 조주 선사는 "차나 한잔하게"라는 화두를 주었다.

2020년 8월에
진관 합장

진 관 시집   달마선다

□ 시집을 내며

제1부 차의 노래

익산 웅포의 차밭 ──── 19
월명 스님의 도솔가 ──── 21
충담 스님 차를 마시고 ──── 22
부처님 전에 올리는 청정수 ──── 24
경주 남산의 차 ──── 25
차를 마시는 인연 ──── 27
차의 노래 ──── 28
충담의 차 향기 ──── 30
동다송을 생각하네 ──── 31
동진에서 차나무를 옮겨 심어 ──── 32
도솔천에서 내려온 차나무 ──── 33
솔밭에 자란 차나무 ──── 34
차나무에서 감로수로 ──── 35
감기에 녹차를 ──── 36
새벽에 눈뜨고 차를 마시고 ──── 37
하동 쌍계사에 와서 ──── 38
쌍계사 차를 마시고 ──── 40
보성 녹차밭 ──── 41
백련사 차밭 ──── 42
초의 스님 출가한 사찰 ──── 43

달마선다 진 관 시집

● 차 ● 례

45 ──── 일지암

제2부 차나 한잔하게

49 ──── 차에 대한 헌시
50 ──── 익산 웅포 차밭에
51 ──── 백제의 웅포에서 보성으로
52 ──── 차에 대한 시를 쓰는 마음
53 ──── 차나 한잔하게
54 ──── 차 마시는 여유
55 ──── 대바람 소리 울리는 날
56 ──── 차를 마시는 선승
57 ──── 다솔사에 가서 보았네
58 ──── 전봉준 녹두 장군 차를 마시고
59 ──── 백용성 선사 백양산에 들어가
60 ──── 백양산에 올라
61 ──── 향곡 대선사와 차를 마시고
62 ──── 동화사 상선원에서 다각을
63 ──── 향곡 대선사 조실 방
64 ──── 동화사 대바람 소리
65 ──── 선사들끼리 차를 올리는 공덕

진 관 시집　　　　　　　　　　　　　　　　　　달마선다

지리산 아자방에서 차를 마시고 ── 66
쌍계사 고산 주지 스님을 친견하고 ── 67

제3부 차를 마시는 멋

보림사 차나무 ── 71
차나무를 지키는 나무 ── 72
차 마시는 사랑 ── 74
익산 웅포 차밭 ── 75
진달래꽃 차 ── 76
댓잎 차 ── 78
연잎 차 ── 79
송홧가루 차 ── 80
조선 솔잎 차 ── 81
경허의 다선 이야기 ── 82
만공의 세계 일화 차 화두 ── 83
박한영 다교육 선 ── 84
만해는 송차를 마시고 ── 85
경봉 선사와 차를 마시고 ── 86
망월사 선원에서 ── 88
서옹 선사를 친견하고 ── 89

달마선다 　　　　　　　　　　　　　　　　진 관 시집

90 ────── 차를 마시는 멋
91 ────── 차밭이 있어야지
92 ────── 봄날을 기다려

제4부 녹차의 전래

95 ────── 가락국 녹차의 전래
97 ────── 김수로왕께 올린 차
98 ────── 김해 금관가야
100 ───── 고령 대가야
102 ───── 고성 소가야
103 ───── 성주 성산가야
104 ───── 함안 아라가야
105 ───── 함창 고령가야
106 ───── 김해 왕후사 부처님 전에 차 공양
107 ───── 통도사 녹차밭 서원
109 ───── 범어사 녹차밭
110 ───── 창원 불모산 녹차밭
111 ───── 지리산 아자방 차밭
112 ───── 지리산 실상사 녹차밭
113 ───── 지리산 대원사 녹차밭

지리산 화엄사 녹차밭 ——— 114
송광사 녹차밭 ——— 115
대둔산 녹차밭 ——— 116
김해 장군 차 ——— 117
시킴왕국 차밭 순례 ——— 119
중국 차밭 순례 ——— 120
일본 차밭 순례 ——— 121

제5부 차를 마시고

원각 해인 총림 방장 스님과의 차담 ——— 125
통도사 전 방장 원명 대선사와의 차담 ——— 127
송광사 법흥 대종사와 차를 마시고 ——— 129
덕숭산 총림 설정 방장과 차를 마시고 ——— 130
무산 대종사 열반 1주년 ——— 131
대흥사 보선 대종사와 차를 마시고 ——— 132
부산 금정산 선찰대본산 금정총림에서 ——— 133
영주 부석사 근일 대선사와 차를 마시고 ——— 134
쌍계사 야생 녹차밭 ——— 136
축석사 무여 대종사님과 차를 마시고 ——— 137
중앙승가대 다도학과 설치를 위해 ——— 138

달마선다　　　　　　　　　　　　　　진 관 시집

139——— 무등산에 살 때
141——— 채벽암 스님과 차를 마시고
142——— 진관사 진관 주지 스님
143——— 승가사 상륜 스님
144——— 시인 원광 스님과 차를 마신 날
145——— 수덕사 혜암 대종사와 차를 마시고
146——— 도리사 사리 발견하던 날
147——— 봉암사 선원에서 차를 마시고
149——— 표충사 주지 법기 스님과 차를 마시고
151——— 종훈 스님과 차를 마신 날
152——— 조계사 주지 세민 스님과 차를 마시고
154——— 명원 김미희 다선 보살을

□ 후기

차의 노래 제1부

익산 웅포의 차밭

  익산 웅포에 차밭이 있는데 최북단의 차밭이라고
  야생 차나무 군락지가 있다는 이야기를 전설처럼 들었는데
  차밭이 전해 오지 못한 이유를 생각해 보았다
  그런데 익산에 있는 차인회에서는 마음의 치유를 위해
  차를 소재로 익산 지역 국제 차문화 축제를 열었다고 한다
  오, 웅포 차밭은 북단에 있는 차밭이라는 사실을 알게 되었다
  웅포 지역에는 백제 시대에도 차밭이 있었다고 하는데
  웅포에 차밭을 맨 처음 옮겨 심었던 승려는
  누구인지 아직도 밝혀 내지 못하고 있네

  익산시 웅포면 웅포리 봉화산 임해사 뜰에
  차밭을 조성해 부처님 전에 차를 올렸던 승려
  저기 금강에서 새벽에 솟아오르는 태양을 바라보고
  임해사 부처님 전에 차를 올리는 승려를 생각하며
  오늘도 그 영혼을 부르고 있는 임해사

백제의 숨결이 살아서 숨 쉬고 있는 임해사
언제 다시 웅포에 있는 차밭에서 차를 따
중생을 위하여 차를 올리는 날을 기다려 보네
중생이여 어서 깨어나 차밭을 가꾸어 주소서
중생들과 함께 차를 마시는 국토를 장엄하세.

월명 스님의 도솔가

경덕왕 19년에 해가 두 개 나타났다
신라의 백성들이 놀라서 불안한 날을 보냈는데
월명 스님을 청하여 선화공덕을 찬양하면 해가 사라진다고 해
월명사가 도솔가를 지었다는 이야기가 전해지고 있다

월명사는 시를 지었다
미륵님을 찬양하는 시였다
미륵님을 친견하려는 것을

이 세상을 미륵님이 상주하는 도량으로
미륵 부처님 세상을 장엄하려는 것은
오직 백성들을 위함이다
백성을 찬양하는 임금은
바로 자신이 미륵 부처님이다

경주 남산은 미륵 세상을 위한 도량
온 산에 피어 있는 꽃을 바라보고
미륵님이 오시는 날에 꽃을 바치기 위해
그날을 날마다 기다리고 있네.

충담 스님 차를 마시고

충담 스님이 경덕왕 24년(765년) 3월 3일과 9월 9일에
남산에 있는 미륵 세존님 앞에 차를 올리는 날이다
신라에서 미륵 부처님 전에 올리는 차는
어디에 차밭을 장엄했는지 알 수 없다

분명히 말하자면 신라 경주에 차밭이 있었나 보다
야생 차밭에 차를 따려는 승려들이 있다면
그 승려는 바로 충담 스님이었다

경주 남산을 미륵 도량으로 장엄하려고 하는 이유는
신라에 미륵 부처님을 찬양하려는 도량으로
경덕왕이 미륵이 되고자 했나 보다

그래서 신라 승려들이 차를 마시는 잔치를 했으니
3월 3일과 9월 9일이 차를 마시는 날이다
미륵 부처님을 친견하는 날을 기억하자

미륵 세상을 이 땅에 건립하려는 것을 목적으로
인간이 사는 세상에 용화 세계를 이룩해

만백성들이 편안하게 살 수 있는 날을 위하여
충담 스님은 차를 경덕왕에게 권했다.

부처님 전에 올리는 청정수

내가 이제 부처님 전에 차를 올리니
부처님이시여 차 공양을 받으소서
이 차는 도솔천 내원궁에서 솟아오른
맑은 찻물이라고 선언한다

도솔천의 찻물을 마시면 미륵님이
미소 지으면서 중생을 맞이하리니
아, 중생들과 함께 차 노래를 부르네

부처님께서 성도하신 이후에
마신 차를 오늘에 기억하게 한다
분명히 말하자면 죽로차 잎에서
굴러 내리는 맑은 물이었다.

경주 남산의 차

경주 남산의 차를 마신 미륵 부처님이었다
바위에 우뚝 서 있는 용화 세계를 장엄하려는 의도
분명히 백성들과 함께 하려는 서원이 있었다는 것
차를 마시는 백성들에게도 희망과 용기를 주었다
산문에 터를 잡아서 꽃을 피우는 마음으로
구름 밖의 구름을 부르는 바람과도 같이
이 국토 위에 차밭을 조성하려는 것을 생각하면
푸른 대나무밭에 이슬과 같은 밝은 솔잎을 따듯
옥돌에 차를 달이는 손끝이 아름다운 새벽이었다

산문 깊은 밤에 흐른 맑은 물을 마시는 새벽별
흙에서 솟아오르는 물을 마시는 백성들을 위해
저기 들판에 기러기가 날개를 접고 앉아서
벗을 기다리고 있는 시간을 생각한다
그날의 밤이 깊어 별이 되리라

대나무 이파리에 구르는 이슬방울 같은
봄날에 바위굴에서 솟아오르는 물방울
세상에 가장 맑은 빛을 토해낸 바람이 되어

들판에 울음 우는 나비가 되어 살리라
아, 날개를 접고 맑은 하늘로 날아가련다.

차를 마시는 인연

차를 마시려면 인연이 있어야 한다
인연이 없으면 차를 대할 수 없다는 사실이다
출가 사문으로서 선승이 된 동화사 선원

나는 당시에 다각으로서 소임자가 되어
선승들에게 선차를 올리는 일을 했는데
다기 그릇을 구비한 그러한 다각은 아니었다

동화사 상선원에는 고참 납자들이 선수행을 할 때
선납자들에게 선차를 올리는 시연을 하기도 했다
그러나 인연이 있어야 선차를 마실 수 있다
선승들에게는 언제나 조주의 차 한잔하세

차 한잔에 우주를 안고 살아
조주가 아니더라도 차 한잔하면
세상이 훤하게 밝아 오는
새벽의 아침이라네.

차의 노래

깊은 산골짝 바위 아래
흐르는 맑은 물을
종지에 받아 안고
천길 먼 길을 걸었네

구름이 피어오른 새벽
황소가 소리를 내고 울던
대나무밭에다 차를 심어
풀밭을 가꾸는 손길

이승에 남아 있는 산등을 넘어
산 위에 서 있는 허수아비 옷을
바람에 날리는 하루

혹한에도 살아남아서
내일 오는 새벽별을 바라보고
꿈을 노래하는 새가 된다
새의 혀끝에서 흘러내린 물방울

산을 안고 사는 날을 기다려 보면
무지개 울타리에 구름을 올리려니
새의 옷깃에 잠을 청하라.

충담의 차 향기

충담의 차 향기를 바윗돌에 올리고
황토밭에 이슬을 받아 모은 질그릇

밤에 하늘로 올라간 별이 내려와
잠을 청하는 개미 눈알보다도 더 크네

하늘에서 내려오는 이슬방울을 받아
질그릇에 담아 넣고

남산에 미륵님을 친견하는 서원도
매일 별이 되어 녹색 구름을 보듬고
천둥 치고 불벼락 치는 그 순간에
백두산 천지에서 솟아오를 태양을

한라산을 오르는 심정으로 차를 마시네
경주 남산에 미륵님의 눈물이 흐르네.

동다송을 생각하네

초의 스님이 차에 대한 의미를 고찰한 시집
동다송을 읽어 차에 대한 역사를 시로 써보려 하니
늦은 감이 있지만 시인으로서의 차를 대하는 몸
시의 영혼이 소생한 것이라고 말할 수 있네
시의 영혼이여 눈을 뜨고 일어나 나를 지켜보게나
동다송을 읽고 있는 시인의 마음이라는 것이 무엇인가
시여 말하라 시여 어서 말하라 시여 동다송의 시여

금관가야에서 이주해 온 차에 대한 시를 쓴다면
고구려 시대에 차를 마시던 역사를 보면
백제 시대에 분명히 차나무를 이주해 왔을 것이라고
신라 시대에 차나무를 경주 남산에 심었던
신라의 충담이라는 승려가 남산의 미륵님 앞에
동다송의 차의 노래가 울리고 있는 날을 기억해
세상의 도를 다루는 깊은 산문에서 솟아오른 맑은 물
청산에 뿌려 두고 바라만 보아야 했던 대나무 잎
백제의 황토 바다를 장엄한 풀 속 밭이여
초의 동다송을 읽으면서 시를 새롭게 쓰련다.

동진에서 차나무를 옮겨 심어

동진에서 백제 땅으로 맨 처음에 옮겨 온
차밭이라는 것을 결사의 정신으로
차를 만드는 법을 누구에게 전해 주었나

차밭을 가꾸는 작업을 누가 하려나
차밭을 꽃처럼 장엄하려는 것은
차나무를 선양하기 위한
부처님 전에 올리려는 것

백성들에게 차를 공급해
백제의 백성들에게 차를 마시는 법
그러한 법을 전하려는 이들이 있다면
분명히 백제의 백성들이었다
백제의 백성들을 위한 차였다

동진에서 차나무를 싣고 왔던 배는
어디로 갔는지 알 수 없지만
그 배가 멈춘 지역에
차나무를 심었다고 보네.

도솔천에서 내려온 차나무

차나무는 도솔천 내원궁 뜨락에서
찬바람이 불어오는 텃밭을 일구었나
이파리 참새 혀 같은 찻잎을 바라보네

봄바람이 불어오는 차나무 아래
꽃향기 풍겨 나온 들판을 지나와서
황토밭 고랑 사이에 줄을 서 기다리네

차나무를 바라보면 천상을 향해 가려듯
동진 차나무라 말하는 이 없으니
백제 때 차나무 심어 꽃별처럼 빛내리.

솔밭에 자란 차나무

푸른 청솔 사이에 자리를 잡고 앉아
학처럼 날개를 펴고 천상을 향해 가듯
풀잎에 구르는 이슬 댓잎에 맺혀 있네

찬바람 불어오는 북풍을 막아내고
새털 같은 미륵보살 눈썹 같은 찻잎을
황토로 구워 내 만든 찻잔을 받치리라

새벽에 별이 되어 솔밭에 내려오면
차나무 가지 위에 매달린 이슬방울
난초 잎 구르는 이슬 천상을 향해 가네.

차나무에서 감로수로

차나무에 감로수가 솟아오르고 있듯
찻잎을 따 차를 내려 마시는 것도 인연
천상에 태어난 선신 관음보살 영접하리

땅 위에 자란 차나무 바위 턱에 올려놓고
소녀들 눈썹 같은 차밭을 가꾸는 손길
들판에 불어온 바람 청솔 밭을 가꾸리

백제에 불법을 전하던 스님들의 설법
감로수 마시는 날 도솔천을 향해 가니
산문에 부는 바람을 황토밭에 잠재워라.

감기에 녹차를

감기 찾아온 아침에 녹차를 마신다면
감기는 차 향기에 의하여 잠을 청하듯
백록담 오른 태양을 바라보는 마음이여

녹색이 우거지는 계절이 왔다고 해서
창을 열고 바라본 도솔천궁 천동 천녀
지리산 노고단 오른 늙은 신선님 영접하리

감기 안고 어서어서 산으로 가시라고
차를 한잔 바치리라 백옥 같은 백차를
감기님 녹차를 마시고 천상으로 가시게.

새벽에 눈뜨고 차를 마시고

새벽에 눈뜨고 일어나 차를 마시고
부처님 가르침을 중생 위해 설법하려
정토에 참 세상 장엄 미타 세상 이루리

해인사 부처님 전 향불 사룬 인연을
천년만년 길이길이 남기려는 기억
찻잔 속 구렁이 눈알 달빛처럼 빛나리

팔만대장경 모시는 인연이 있어야 하듯
천상에 차를 마시는 행복에 노래 불러
미륵님 영접하려는 나비 되어 날으리.

하동 쌍계사에 와서

쌍계사 차나무 시배지를 참관하고
차에 대한 역사를 성찰하게 한다
흥덕왕 3년(828년)에 당나라에서
차나무를 왕명에 의하여
지리산 일대에 심었다

흥덕왕 5년 진감 선사가 차나무를 옮겨 심어
차나무가 쌍계사 뜰에 자라고 있어
차나무에 관심을 가지게 했다

차나무여 오늘에 와서
차나무를 바라보고 있으니
흥덕왕이 차를 마시던
차나무 시배지에 서 있게 한다

시배지에 올라 차밭을 바라보고 있으니
차를 따는 차 보살들의 미소와 더불어
차 시배지의 대나무에서 흘러내리는 이슬방울
푸른 소나무 가지 위에 매달린 솔방울 정겹다

차를 내리는 숯불을 모아
쌍계사 계곡에 흐르는 물로
마음에 차를 달이면
마음의 창이 열린다

진감 선사가 차를 마시는 방에
나에 대한 마음의 차 시배지를
장엄하게 하려 하네.

쌍계사 차를 마시고

지리산 쌍계사에서 생산하는 차를 마시니
마음은 천상에 올라가고 미륵보살이
내려준 차 맛을 보고 세상을 잊어 보네

바위 아래 자라난 차를 따오는 동자승도
세상을 모두 잊으려고 깊은 산간에 와서
차를 따는 손 끝자락에 묻어온 영혼
어디를 가야 할지 알지 못하지만
쌍계사에 범패를 처음 전해 준
진감 국사는 차를 마셨나

차를 마시는 순간에 천상으로 올라가고
찻잔을 머리에 이고 있는 보살 같은 마음
언제나 나는 쌍계사 차를 생각하며
내일에 오는 그리움을 안고 살리라

폭포에서 솟아오른 물방울 모아
차를 끓이는 물이 되게 하면
천상에서 내려온 찻물이 되네.

보성 녹차밭

보성 녹차밭을 석양 노을 속에서 보니
여기는 인간 세상이 아니라 천상에 사는
도솔천 내원궁을 장엄한 녹차밭이네

누가 여기에 맨 처음에 녹차밭을 조성하고
차를 마시는 연습을 하였는지 알 수 없지만
백제 때 임금께서 마시는 녹차였을 것이네

그날에 차를 마시는 연습을 하던 이들도
동다송을 지은 초의 선사도 보성 녹차밭에
대하여 한 편의 시도 없구나

다산도 초의도 추사도
보성의 녹차밭에 잠을 청하는 날

보성 녹차밭은 천상에 노을 터라고 말하자
황금빛이 온 산을 안고 용솟음치는 용의 뿔처럼
보성 녹차밭에 노을과 같이 초승달이 솟아오르네.

백련사 차밭

백련사 차밭에는 초의 선사 영혼이
날마다 잠을 청하는 날의 추억이여
그날에 다산을 만나 초의 선사 깨어났네

다산에게서 차를 마시는 법을 배우고 있던 초의 선사
조선에 차밭을 조성하고 있었던 것은 아니지
그날에 조선에서는 청나라에서 차를 수입해

성균관에서만 유생들이 차를 마시고
백련사에 차밭을 조성해
선사들이 차를 마시는 법을
백성들에게도 전해 주었네.

초의 스님 출가한 사찰

초의 스님이 출가한 사찰이다
산 주위에는 차나무를 심어서 초의 스님이 차를
선양하려던 의지를 보여 주고 있다는 전설과 같이
대한불교조계종에서는 그러한 역사를 알지 못하여
초의 스님 출가 사찰을 방치하고 있었다
운흥사는 신라 시대 도선 국사가 도성암으로 창건한
사찰이다
조선 시대에도 380칸이라는 거대한 사찰이었다

한국전쟁 시기에 운흥사가 불탔다고 한다
누가 불을 질렀는지 밝혀 내야 한다
불타 버린 운흥사를 복원하고 있는 스님을 보았다
한국의 차를 연구한 이들이 많다고 하면
초의 스님의 출가 사찰 운흥사를 복원하여
초의 다선사를 추종해야 한다

초의 선사가 출가한 운흥사에 가보았다
초의 선사가 바라보았던 차나무만
차를 연구하는 이들을 기다리고 있구나

초의 선사를 추종하지 않고서는 다인이 아니다
가자 초의 선사가 바라보았던 차나무를 보러….

일지암

해남 대둔산에 있는 일지암에 가 보았다
초의 스님이 39세 되던 해에 암자를 지었다
일지암이라는 암자의 역사가 재미있다
초의 스님은 일지암에서 머문 지 40년이라고
그날에 초의 선사는 다선을 주장했나 보다
선과 다는 일치한다는 초의 선사의 말인가
초의 선사는 차를 통해서 깨달음을 얻었나 보다
일지암이 있었기에 초의가 있고 초의가 있기에
일지암이 있다는 것을 알아야 한다는 말이다

일지암에서 초의는 선을 다선을 수행한 이후에
정약용이 유배를 당해 강진에 왔다
초의 선사는 정약용의 심성을 알고 있었다
정약용의 억울함을 달래기 위하여 차를 가르쳤다
정약용은 초의 선사의 다도에 의미를 알았다

자신의 호를 다산이라고 정했다
다산의 차를 마심도 다선이다
초의 선사에 의하여 추사도 만났고
초의 선사에 의하여 동다송도 저술되었다.

차나 한잔하게

제2부

차에 대한 헌시

동이 터오는 새벽에
태양을 안고 살자꾸나

어젯밤에 하늘의 별이 되어
찻잎에 떨구는 이슬방울을

미륵님에게 올리는 구름별
차를 올리는 그리움이여

차를 마시는 그 시간만큼
삶의 여유를 얻을 수 있네

마음이 우울한 자여
차를 마시면 새로워지네.

익산 웅포 차밭에

익산 웅포 차밭을 간다
북단에서 자란 차밭이라고 했으니
찻잎에 구르는 이슬방울을 올린다

여기는 백제의 왕궁이 있는 터이기에
왕궁에서 왕비들이 마신 차였을 것이네

차밭에 날개를 펴고 있는 까치야
너는 차를 마시려고 그러느냐

그날에도 임금이 마신 차였을 것이고
백성들도 마실 수도 있겠구나

익산 웅포에 차밭이 있음은
익산 그 옛날 백제의 차밭이겠다
백제의 차밭이라는 사실은
그날의 차밭이오.

백제의 웅포에서 보성으로

백제의 웅포에서 차나무가
보성 지역으로 이전했다는 전설을

지금 와 기록해 보려고 하니
이것이 무슨 소용이 있겠냐고

백제 불교가 동진에서 왔으니
백제의 차나무도 동진에서 왔다

백제의 스님들이 차를 마실 때
백제의 스님들도 미륵불 앞에서
차를 올리겠다고 발원했구나

백제의 땅에 차나무가 왔을 때
동진 예술가도 같이 왔을 거다

백제의 스님들이 차밭을 일굴 때
부처님 전에 올리는 차밭이었다.

차에 대한 시를 쓰는 마음

차에 대한 시를 쓰는 일도
나에게는 너무도 과분한 일

세월의 긴긴 터널을 지나서야
차에 대한 시를 쓰고 있으니

이것도 전생에 지은 인연이라고
이렇게 다짐해 보고 있음이여

너무도 귀중한 시간이여
차에 대한 시를 쓰는 새벽

세상일 모두 잊어도 보았지만
잊으려 하면 잊지 못하리

차에 대한 시를 쓰는 나의 마음
도솔천 내원궁에 미륵님 도량이네.

차나 한잔하게

차나 한잔하고 가게
세상일이 아무리 고달프다 해도
하늘에 떠 있는 태양이 머물지 못한다 해도

오늘은 오늘일 뿐이니
시간과 시간의 사이에서
무엇을 그리도 두려워하랴

한순간도 좋으니
살아 있다는 것
그것으로 족하네

그러니 차 한잔하고 있는 이것은
삶의 진흙밭을 지나는 것이네
자 이제 그이를 알고 있으니
참 좋은 일이라고.

차 마시는 여유

차 한잔 마시는 여유를 가져보자고
그렇게 다짐을 하고 하루를 보내지만
사람이 주인이라는 그러한 날이어라

깊은 산길 흐르는 물소리 듣고 살던
아무리 모진 바람 불어온다 하여도
마음을 돌리는 순간 차를 마시는 법

눈이 내린 겨울날 바위굴 속에 있어도
차를 마실 수 있는 가야금 커는 소리
그러한 삶이 찾아온 깃발 같은 밤이여

하늘에 떠올라가 있는 별이 되어도
녹차를 끓이는 이들의 손끝에서도
바위굴 맑은 눈동자 빛이 되어 잠드네.

대바람 소리 울리는 날

대바람 소리 울리는 새벽에도
차를 마시는 시간은 생명의 혼
구름 밖에 떨어지는 물방울

그 물방울이 댓잎에 떨어져
그 물이 고여 석간수가 되어
오늘 이 순간에 차를 달이네

개미도 그 물을 마시지 않고 기다려
천상에서 내려온 선녀의 미소 같은
차를 달이는 손끝이 곱구나

하늘에 떠 있는 무지개 같은 색깔
온 세상에 뿌리고 달무리 같은 이슬비
댓잎에 구르는 이슬을 받아 차를 끓이네.

차를 마시는 선승

차를 마시는 자유를
얻을 수만 있다면

생활의 고달픔이 떠나 버리고
깨달음을 이룬 선승의 지혜

선수행의 기초 위에 서 있는
수행자의 미소 같은

차를 마시는 것은
차를 마시고 있는 것은
전생에 지은 복이라

인연이 없으면 이런 시간을
마련할 수 없다는 것을

세월이 지난 후에야 알겠네
세월의 문밖에 나서야 알겠네.

다솔사에 가서 보았네

차를 연구하고 있던 다선승 다솔사에 가서 알았네
그 선승은 최범술이라는 국회의원을 역임한 다선승
차를 마시는 법을 널리널리 전했던 다선승이었네

어떻게 그러한 생각을 내었는지 알 수 없지만
조주의 차 한잔이나 마시고 가게나 하던 선승
조주 선사의 다선을 이어 가려는 것
다솔사에 가서 참으로 소중한
차에 대한 역사를 알게 되었네

다솔사에 바람이 불어오고
언제나 흐르는 물소리에 귀를 기울여
그날에 영혼을 찾아보려고 하네.

전봉준 녹두 장군 차를 마시고

전봉준 녹두 장군 야생 녹차 마시고
농민들 일하다 정자에서 차를 마시고
내장산 바위 속에서 자란 야생 차나무

농민들도 양반같이 녹차를 마시는데
질그릇 구워 만든 사발같이 생긴 찻잔
산간에 수행승같이 차를 마신 날 있네

세상일을 바르게 세우려 산간에 들어가
차나무를 바라보며 수행을 하던 선승
전봉준 녹두 장군도 녹차를 사랑했네.

백용성 선사 백양산에 들어가

동학 농민 외침 소리 전라도를 뒤흔들 때
백용성 백양산에 들어가서 차나무 길러
농민들 외치는 소리 구름처럼 들었네

백용성 최재우 동경대전 읽고 읽어
최시형 토론하여 진리를 챙기어서
녹차밭 가르침 따라 선농을 실현했네

농민들이 아니면 조선을 구할 수 없어
선농일치 외치듯이 다선일치 외치니
백양산 깊은 바위 속 야생차 자라고 있네.

백양산에 올라

백양산에 올라
야생 차나무 자란 바윗돌 위로
무지개 피어오른 산길을 걸었네

백용성 선사가 걸어 다니던 숲길
봄이 오는 날에 녹차를 따던 바구니
백양산 운문선원에서 차를 달여 마셨네

동학 농민들이 거닐던 백양산 마루
야생 차나무가 이슬을 머금고 있을 때
바윗돌을 에워싸고 자란 야생 녹차

구름 멀리로 떠오르고 있는 새벽별같이
반짝이고 있는 야생 녹차밭에
바람도 멈추어 녹차밭을 가꾸네.

향곡 대선사와 차를 마시고

묘관음사 선객으로 찾아갔을 때
향곡 선사께서 차를 내려 주시었는데
떨리어 찻잔을 들지도 못했네

조주 선사께서 차를 주시듯
여보게, 차 한잔하게나
그러면서 화두를 내려 주었지

그 화두를 지금도 타파하지 못하고
세월이 지난날을 기억한다면
동해 바다에 파도치는 소리를

향곡 대선사께서 내려 주신 차인데
향곡 대선사는 어디에서 무엇하고 있는지
차를 올려 지난날을 이야기하고 싶네.

동화사 상선원에서 다각을

동화사 상선원에서 다각을 했는데
다도라는 구호가 있는 줄도 몰랐네
일찍부터 차를 마시는 법을 배우고
다도에 대하여 연구를 했을 것이네

다선일여의 언어를 내 스스로 터득했고
동화사 상선원에 다각의 소임자로
나에게 주어진 다도의 역사를

지금도 생각하니 나에게는 그날에
다각에 빠지지 않은 것이 다행이네
이렇게 홀로서 외치어 보고 있네
동화사 상선원 다각의 존재여.

향곡 대선사 조실 방

향곡 대선사 조실 방 앞에 대나무가 있는데
천둥 치고 벼락 치는 날에 뜬눈을 세우고
문풍지에 바람 소리 요란하게 들리었네

동화사 뒷문에 내리치는 빗소리에
숨죽이듯이 천둥소리 듣고 있었는데
차 한잔하자고 조용히 말했네

녹차를 마시는 그 순간에도
번개가 내리치고 동화사 뒤뜰에 벼락을 찾는데
차를 마시면서 창가에 대바람 소리만 들었네.

동화사 대바람 소리

차를 내리는 법을 알아야 하는데
차를 내리는 절차도 모르면서 차를 내리는 다각
산문 밖에는 대나무 소리만이 울리네

언제 차를 마시는 법을 알까나
관음보살 미소처럼 보이는 날
그날에 나의 노래를 부르고
차를 따르는 소리를 알겠네

차는 구름 밖에 떠오른 태양 같은
댓잎에 굴러 내리는 이슬방울을
바위가 금이 가게 떨어지는 힘
차를 마시는 것도 또한 그와 같으리.

선사들끼리 차를 올리는 공덕

선사들끼리 차를 올리는 공덕은
항하사恒河沙 모래보다도 더 소중한 인연
억겁이 있어야 올릴 수 있네

선사들이 일념으로 정진하고 있을 때
하늘과 땅은 하나의 수레가 되어
허공을 향해 굴러가고 있듯이

차를 마시는 것도 인연이 있어야 하네
차를 달이는 선사들의 이야기도
차를 마시는 법을 알려주는 선사들도

차 한잔하는 동안에도 세상은 지나가고
차를 달이는 그 순간에도 우주가 하나가 되어
황토밭에서 솟아오르는 찻잎은
세상을 그림 그리게 한다.

지리산 아자방에서 차를 마시고

지리산 아자방에서 하동차를 마시고
김수로왕 일곱 왕자 출가했던 칠불암
전설처럼 듣고 있으니 재미있구나

아자방에는 금관가야의 영혼이 깃들고
지난 역사를 돌부리 하나에서도 알 듯이
지리산 야생 차나무가 손길을 기다리네

하늘에 올라간 별들이 내려오듯이
아자방에 겨울이 오면 온돌에 지글지글
차를 마시는 선승들의 노랫소리 요란하네.

쌍계사 고산 주지 스님을 친견하고

쌍계사 고산 주지 스님을 친견하고
차를 마시고 나온 나에게는
폭포에서 떨어진 물안개처럼
지리산에 넘치는 폭포수같이
차를 마시는 날을 기억하네

쌍계사에서 울리는 고승들의 염불 소리
부처님 전에 올리는 다공양을 알겠나
영산회상에서 들려오는 범패 소리

차 한잔에 세상의 역사를 변화시키는 눈물
불교를 바르게 세우려던 지난날의 역사를.

차를 마시는 멋

제3부

보림사 차나무

차나무를 보았다 차나무의 애비는 인도에서 왔다
차나무를 백제 땅에서 처음 옮겨 온 곳은
장흥에 있는 보림사였다
차나무를 보림사 뒷산에 심은 스님들은 누구인지
알 수 없지만 보림사는 차나무를 보듬고 살았다
차나무에서 잎이 돋아난 봄날

차나무에서 따낸 찻잎을 방바닥에 던지고
방에 불을 지펴 말리는 법을 알아냈다
그래서 둥글게 차를 말리는 법을 알아내고
곶감처럼 찻잎을 주먹처럼 말렸다
그것을 다구에 넣고 물을 부었다

장흥에서 흐르는 찬물이라도 차를 내릴 수 있다면
장흥 보림사 차나무는 푸른 잎에 물이 된다
오, 찻물을 마시는 마음에 별이 된 심사여
장흥 보림사에 차나무를 바라본다
불어오는 바람이 산을 에워싸고 돈다.

차나무를 지키는 나무

차나무를 지키는 나무다
찻잎이 푸른 봄이다
봄을 기다리고 있는 이들에게도 꿈이 있다고 한다면
바람이다

바람이 불어도

들판에 서 있는 나무를 기다리고 있는 밤이 있듯이
차나무를 가꾸는 계절이 지나가고 나면 차나무는
자리를 지키지 않는 자들과 같이 산다

살아 있는 이들의 언약같이

계절이 지나가고 나면 밤이 깊듯이 강물도 깊어
보이는 것이 있다면 꿈이다
꿈을 꾸는 일을 자주한다면 꿈속에 밤이 저절로

자라난 것이 아니라고 아니라고 말하지

말을 듣지 않는 이들이 있다면 차나무는
하루도 잠을 청하지 못하는 새가 되듯이

날개를 접고 우는 새들같이 새의 눈물을
차나무에서 태양이 솟아오른다.

차 마시는 사랑

차를 마시는 일도 사랑이여
사랑이 없는 이는 차를 마시지 못해

장흥에 차나무를 바라보니
새가 날개를 접고 앉아 있어

구름이 알을 낳고 있는 새벽의 이슬방울.

익산 웅포 차밭

익산 웅포 차밭에 앉아서
백제가 멸망하는 날

소정방이 차밭을 짓밟고 지난 뒤
차나무는 땅바닥에 쓰러졌다
차나무야 차나무야

바람이 불어오는 동방
서천으로 향해 가는 바람이여

찻잎을 바구니에 담아 보면
참새 혓바닥 같구나.

진달래꽃 차

진달래꽃이 피는 깊은 산골
언덕을 오르는 꽃나비같이

진달래 꽃잎을 따서 바구니에
태양이 멈추어 있는 방에서
진달래 꽃잎을 말리어야 하네

진흙으로 빚어 만든 항아리는
새벽에 내려온 하늘의 별처럼
반짝이는 별이 된 빛이네

반짝이는 무지갯빛을 받아서
진달래 꽃잎을 넣고 있으면
진달래꽃 차가 된다는 것을

진달래꽃 향기에 잠을 청하듯
돌담에 흐르는 맑은 청수로
아름답게 꽃 피우는

진달래 꽃잎으로 차를 달이네
차를 마시고 또 차를 마시네.

댓잎 차

지리산 청정 도량에서 자란 대나무
동짓달 밝은 달빛을 밟아 가면서
봄이 오면 댓잎에 푸름이 넘쳐

구름에서 이슬이 내려와 잠을 청하듯
대나무에 이슬이 굴러내린 댓잎을
항아리에 넣고 잠을 재우면 차가 되네

댓잎을 따서 차를 만드는 기술이 있으면
대나무를 심어 차를 만들어 뜻을 세우세.

연잎 차

진흙 연못밭의 연꽃잎을 말리어
연차를 만들려고 맑은 물에 담아 두면
연꽃잎 우러나 찻물이라고 말하련다

하늘에서 내려온 이슬방울 모두어
연꽃잎 마른 잎을 독항아리에 넣어
미륵님 모신 법당에 연꽃 찻잎 올리리

연뿌리 심어서 연꽃을 피우게 하는데
그 수효가 부족해 대량 생산 못하니
약효 있다 하여서 소중하게 여기네.

송홧가루 차

송화 꽃이 피어오른 4월 봄날에
꽃을 모아서 차를 만들면
그 이름이 송화 차라고 말하네

청정한 소나무에 핀 꽃가루 모아서
송화 차를 만드는 작업이 엄격해서
생산되는 것이 소량이네

조선 소나무 봉오리에 송홧가루 날리면
백지장 같은 종지에 송홧가루 모아
옹기에 담으면 송화 차가 되겠네.

조선 솔잎 차

청정한 도량에 자란 푸른 솔잎
맑은 물 냉수 차가 되기도 하네

천장사 푸른 소나무 어린 잎을 따서
솔잎 차를 만들어 경허도 마셨을 것인데
석양 노을 속에 학이 되어 날아가리

솔잎 차를 마시는 선승들의 설법에
차 한잔하고 가라는 선법 이야기
조주에게서 마셨던 솔잎 차였나.

경허의 다선 이야기

경허가 차를 마시는 것을 본 이들이 말하지 않아
차를 마시는 시간과 장소가 어디인지 알 수 없지만
차에 대한 시를 여러 편 쓴 것을 보면 선차라고
말할 수 있고 다선객이라고 말할 수 있네

경허 선사는 차를 마시는 법을 알고
시를 쓰고 있지만 산에 사는 동자가
차를 달여 왔다고 말하고 있네

선수행자에게도 차를 마시는 시간이 있을 것인데
방선을 하고 나면 차를 달이는 다각이 있어
시도 때도 없이 차를 달여 마시는 것은 아니네
시간의 서쪽에서 시간의 동쪽으로 가고 있어도
반야용선을 타고 가는 미륵에게 차를 권하네

선승들도 부처님 전에 차를 올리는 시간이 있고
새벽에 차를 올리는 마음 청정한 청정수 차요
부처님 공양 올린 이후에 올리는 사시 차공양이라
석양 예불 시기에 올린 차 공양은 서천 공양이네.

만공의 세계 일화 차 화두

월면 선사 차를 마시는 날은 깨달음을 얻은 뒤
온양에 가면 봉곡사가 있는데 봉곡사에서
차를 달이는 법을 알았던 것이네

금강경을 읽고 또 읽고 금강경 차를 마신
선승들의 설법을 듣고 있어 행복했던 만공
월면도 27살에 차를 마시는 법을 알았네

마곡사 깊은 산물 흐르는 산골에 살 때
차를 마시는 법을 알아낸 인연의 초당에서
선승 수행의 세계화를 화두로 삼았지

경허 선사로부터 만공 선사라는 칭호를 얻고
차 마시는 법을 수행자에게 가르침 주니
선법을 전수한 꽃향기 가득한 선승의 노래.

박한영 다교육 선

안암동에 있는 대원암에서 차를 마시고
수많은 문사들과 시를 노래하고 있었고
시인인 서정주를 탄생하게 하였다

조선 개화기 불교 교육에 나선 것은
승가에 대하여 사상을 전하기 위해
깊은 산간에서 솟아오른 물로
차를 달이는 법을 전했을 것이네

바윗돌 위에 피어 있는 작은 찻잎이라도
수천의 생명이 살아 숨 쉬고 있는 향기의 세계
차나무밭을 일구어 녹차를 심어야 할 교육을
박한영 선사가 승려들에게 교육하게 했어야 했다

안암동에 있을 때에 수많은 시인들이 찾아와
시를 노래하고 차를 마시고 미래 불교를 노래해
다선일치를 주장했던 박한영 선사였네
정인보 시인과의 선차 이야기를 했다네.

만해는 송차를 마시고

만해는 송차를 마시었다
백담사 깊은 물을 마시는 사슴처럼
수행자들이 백담사에 와서 차를 마시고

개화기에 김옥균의 친우였던 무불 스님도
백담사에서 차를 마시는 선법을 전하고 있으니
만해는 일본에 유학을 가서 차를 마신 법
일본 조동종의 선다를 익혔을 것이니

백담사에 송차는 조선의 차였다오
조선에서 차를 마시는 법을 빼앗겨 버리고
일본의 조동종에서 차 법을 익혔다오

실로 만해는 일본 차를 마셨다고 해도
백담사에 송차를 선전하고 있는 것은
시대의 역사를 존중하고 있음이다

초의 선다를 말하지 않고 있으니
초의에 대하여 찬양을 하지 않았네
만해의 차 정신은 조동종 차선이네.

경봉 선사와 차를 마시고

통도사에 방문하고 극락암 삼소굴의
경봉 선승을 친견하는 인연을 맺었다
경봉 선사는 수많은 선승들에게
화두를 주고 선에 대한 정진을
지도하고 있었던 선승이었다

동화사 금당선원에서 정진을 하던
명정 스님과의 정진 도반이었다

경봉 스님을 찾아 극락암 삼소굴에 갔더니
사미 선승에게 차를 주었네

차를 마시고 향곡 선사에 대한 이야기를 하고
금당선원에서 정진하던 이야기를 했더니
경봉 선사는 선객의 이야기를 들어주었네

동화사 금당선원에서는 전국 선원의 수좌들에게
수행의 문답을 하기 위해 백지를 보낸 일이 있었는데
경봉 선사만이 백지에 점을 찍어서 보냈다는 이야기

그 이야기를 전해 주니 차나 한잔하게
경봉 선사가 이렇게 말했네.

망월사 선원에서

망월사 선원의 금오 스님을 친견한 월산은
출가 수행자로 태어났던 망월사였다
망월사에 찬바람이 불어오고 있었다

춘성 선사가 주지로 있을 때 망월사에 갔다
망월사에는 전국에서 수좌들이 모여 들었는데
차를 마시는 다각방에는 옛이야기가 전해졌다

망월사 선원에는 백용성 선사가 정진을 하고
선승 제자들을 10명을 건당했다는 이야기
춘성 선사는 만해의 제자라고 기록하고 있다

망월사 선원에는 차를 마시는 법석이 벌어지고
선승들이 마시는 선차를 시로써 말하고 있어
망월사 선방 다각방을 잊지 못하지.

서옹 선사를 친견하고

해인사 성철 방장과 향곡 선사와 서옹 선사가
해인사 방장실에 모여서 밤을 새워 토론하고
해인사에 삼 선승의 웃음소리는 가야산을 울리고
팔만대장경 모신 법당에 선차를 올리었네

해인사 도량에 삼 선승의 웃음소리가
그토록 다정하게 들리던 일이 있었는데
성철 해인사 방장은 대한불교조계종에 종정
서옹 선사도 종정이 되었는데 향곡 선사는
종정을 하지 못하고 열반에 들었네

서옹 선사는 일본에서 임제록을 독파하고
선사의 역사성을 전승하려 했는데
임제 선사의 정맥을 이어 왔다
서옹 선사는 조주의 차 한잔하게
선승들에게 차를 올리는 차 법석을
해인사에 있을 때 알게 되었다.

차를 마시는 멋

차를 마시는 멋이 있어야 한다
차를 마시는 것은 아무렇게나 마시는 것이 아니라
정성을 다해 선승의 다선일미의 의미로

차를 마시는 법을 한번만이라도 생각한다면
참새 혀처럼 생긴 찻잎을 말리고
다구에 물을 끓여서
적당한 온도에
차를 달이는 물
이것이 갖추어져야 차맛이 난다

차를 마시는 자와 차를 마시게 하는 자와의
일다합일이라는 선승의 차노래.

차밭이 있어야지

차밭을 가꾸려면 차밭 터가 있어야 하는데
차밭을 만들기 위해서는 사원 토지가 옥토
사찰의 주지가 되어야지 주지가

차밭을 가꾸는 전문 차밭 주인
황토밭에 차나무를 심어서

봄이 오는 날에 찻잎을 따서
도솔천 내원궁에 터를 만들어

대밭머리에 차를 심어서
죽로차라고 이름을 붙이면

신라 시대 충담사가 차를 올린 미륵님 앞에
두 손을 모으고 기도하는 시를 쓰련만
주지 한번 못하고 차밭을 만들지 못해
이것이 나에게 가장 슬픈 일이네.

봄날을 기다려

찻잎을 따는 봄날을 기다려 본다
지난 겨울에 추운 바람이 불어오고
찻잎에 찬 눈이 내리는 날을 보면서

봄이 오기만을 기다려 보는데
얼마나 많은 세월이 지났나
찻잎에 구르는 봄날의 빗방울

바위굴 속에 눈을 뜨고 있는 실뱀처럼
차나무에 찬이슬을 머금고 서 있는 태양은
봄바람이 불어오는 새벽을 기다리네

천상에서 내려준 차나무
도솔천 내원궁의 미륵님이 상주하는
언제나 지상의 차밭을 생각하네.

녹차의 전래

제4부

가락국 녹차의 전래

김수로왕 시대 허왕옥이 인도에서 차 씨를 가져왔다
가야에 옮겨 심었을 것이라고 생각하는 이들이 있었다
차 씨를 심은 지역이 어디인지는 알 수 없지만
차 씨를 심어 김수로왕에게 차를 대접했을 수 있다
육가야에 전해진 행로가 있으니 차 씨를 옮겨 심었다
는 인도 차 씨를
경남 창녕군 백월산에 심었다고 전해지고 있다
차나무를 소중히 여기고 있는 것은 김수로왕을
비롯한 육가야 사람들의 차 마심을 알았던 왕족인데
분명히 야생 녹차 재배의 전설이 전해졌다
AD 48년에 인도에서 차나무를 옮겨 심은 인연으로
그러나 백제 시대 성왕이 동진에서 전해왔던 것을
역사의 기록에서 찾아내야 할 때라고 생각한다

김해 차밭을 조성하는 것이 급선무인데
김해 김씨들을 중심으로 차밭을 조성하는 것
인도 차 씨를 옮겨온 역사를 새롭게 정해야 한다
인도 차 씨를 김해 지역에 심었던 장소를 찾아내
차 씨를 처음에 심었던 지역을 개발해야 한다

인도에서 차 씨를 가져온 연유를 기록해야 한다
한반도에서 가장 먼저 차 씨를 심었던 가야
김해 지역에 차나무를 심을 지역을 선정해야 한다.

김수로왕께 올린 차

김수로왕에게 차를 올리는 허황후는
차나무를 심어서 차를 만드는 법을 배우고
금관가야에 차밭을 조성한 것을 알 수 있네

하늘에서 뜬구름이 솟아오른 새벽에
별들을 바라보면서 차를 마시던 인연
지금도 그날에 영혼을 살려내야 한다

전 세계에 금관가야의 차를 수출한다면
금관가야에 불교를 전래했던
인도와의 교류를 새롭게 실행할 수 있다고 본다

금관가야의 장유 스님이 거처한 장유사에
차밭을 조성하여 인도 차를 생산하는 일이라
부처님께서도 수시로 차를 마시었다.

김해 금관가야

김해 금관가야에 인도 차밭을 일구어야 한다
인도 차밭을 일구는 것은 김해 지역의 경제를 회복하는 것
인도 차나무를 금관가야 지역에 심는
그것이 또한 중요한 인도 차밭의 역사이기도 하다
금관가야 사람들에게 차밭을 일구는 것은
차 문화를 발전시켜 건강한 삶을 유지하게 하는 법
이것이 인도 차법을 전하는 것이라고 보아야 한다
차를 마시는 인구가 증가함에 인도 차나무를
금관가야에 옮겨 심어야 한다

차 문화를 발전시키지 못하는 것은 기득권자들
그들에게 있어 차 문화는 정치에 어긋난다고 보았던
독점물이라고 보는 것이 또한 타당한 이론이다
차는 독점물이 아니라는 것을 금관가야를 중심으로
전해야 한다고 생각하는 바이다

김해 지역과 인도의 교류 또한 중요하다
인도의 불교를 금관가야에 전승했다는 것을 기록하고

민족 역사를 논증하는 금관가야가 되어야 한다
김해 지역에 100만 평의 차밭을 조성하여
김해 금관가야의 차밭을 인도 차밭이라고 정하자.

고령 대가야

고령 대가야에 고령토를 개발하듯이 차 그릇을 생산해
인도에 대가야의 차 그릇을 수출하는 것을 약조한다면
고령 대가야는 영국이 아시아에 차 문화를 전하듯이
고령 대가야를 세계에 널리 알릴 수 있을 것이네
인도에서 가져온 인도 차 씨를 심어서 차를 재배하면
인도인들이 찾아올 것이라고 믿고
인도와 차 교류를 할 수 있겠다
인도에 가서 보니 스님이 국가를 세운 나라가 있는데
스님이 세운 나라를 보면 산 정상에 도시가 있어
고령 대가야를 생각하게 한다

인도에도 높은 산봉우리 위에 차밭을 만들었다
차를 따는 사람들이 수백 명씩 줄을 서서 따고 있어
고령 대가야의 산봉우리에도 차를 심어 재배할 수 있어
고령 대가야에 인도에서 온 차나무를 심자
인도의 산봉우리에도 차밭이 있다

고령 대가야에 차밭을 조성한다면 명차가 될 것이고
일자리를 마련해 노동자들이 일할 수 있는 터전

고산 지대에서 생산하는 녹차가 된다
고령 대가야에 녹차밭을 조성하자
인도와 교류를 하는 차밭이다.

고성 소가야

고성 소가야에 차밭을 일구어
인도에서 가져온 녹차를 심자
녹차밭을 고성 소가야에

바닷바람이 불어오는 고성 소가야
토양이 비옥해서 자라는 찻잎은
구름 속에 보이는 초승달 같은 녹차

고성 소가야에 녹차밭을 조성하면
인도에서 관광객들이 찾아오기 좋은 곳
인도 지역과 같은 토양이라고 말할 수 있어

고성 소가야에 대한 역사를 회복하고
인도에서 가져온 녹차를 심어
고성 녹차라고 명하여 인도에 찻잎을 수출하면
인도에서 온 허황후를 생각하게 한다.

성주 성산가야

성주 성산가야 산중턱에 차밭을
인도에서 가져온 차나무를 심어
녹차를 생산하면
성산가야 차밭이라

성주 성산가야 녹차밭
토양 성분을 따져 보면
인도 녹차밭과 같은 녹차

허황후를 칭송하는 녹차밭
성주에 있는 성산가야
100만평을 녹차밭으로
여기에서 녹차를 생산하여

세계화에 나서는
성주 성산가야 녹차밭.

함안 아라가야

함안 아라가야는 금관 가야국과
인접해 있어 허황후를 칭송하는 지역
인도에서 온 차나무를 심어
인도 차를 재배할 수 있어

함안 아라가야에서
인도 차나무가 일본으로
수출되었을 수도 있다

일본 차나무 밭에 자란 차
함안 가야는 인도에 있는
가야국의 지명과 같아

인도 차밭을 조성해
함안 아라가야 차밭으로
가야리의 아라 차밭에서
녹차를 생산하세.

함창 고령가야

함창 고령가야에 차밭을 조성해
인도 녹차밭이라고 하면
인도와 차 교류를 할 수 있네

고령가야 지역을 중심으로
인도 차밭이라고 하면
인도인들과 상통할 수 있어
고령가야 녹차를 인도에 소개하고
해양 문화를 통해 차의 국제화

고령가야는 가야금을 만들어
노래하던 백성들
분명히 녹차밭에서
차를 마시며 가야금을

고령가야에 녹차밭을
인도 녹차밭
고령가야 녹차밭.

김해 왕후사 부처님 전에 차 공양

　김해 왕후사는 터도 없다. 부처님 원력을 생각한다
　허황후를 위한 사찰이기에 인도에서 가져온 차를 올렸다
　금관가야에서 최초의 사찰이라는 왕후사를
　복원하는 것이 인도 불교를 연구할 수 있는 토대이다
　금관가야에서는 김수로왕이 가장 소중히 여긴 왕후사를 신라 진흥왕 시대에 왕후사를 철거하여
　장유사를 건립했다는 이야기는 은폐하기 위한 장난이다

　왕후사에 인도 차를 공양했을 것인데
　금관가야에도 인도 차나무를 심었을 것인데
　그 지역이 어디인지 장소를 찾아야 한다
　인도 차를 마시는 법을 금관가야에 전했을 것인데
　왕후사를 복원하는 것은 인도 불교를 연구함이다.

통도사 녹차밭 서원

 통도사 전 지역에 녹차밭을 만들자꾸나
 녹차밭을 일구려고 하면 문화재청의 허가가 있어야 하는데
 대한민국의 문화재청에서는 그러한 역할을 할 수 있을지
 대한민국의 문화재청은 특정 지역에만 지원을 하고 있어
 그들은 바로 불교문화에 대한 관심이 없는 이들이다
 문화재청에 시험을 보아 소임자가 된 이들은
 대부분 기독교인들이 많다고 했다
 그들이 불교문화를 융성할 수 있는 대안을
 마련하지 않고 있는 전국의 폐사지 복원 불가다

 그래도 그러한 일을 하려고 하면 주지 소임자가
 녹차밭을 일구는 역할을 하려는 의지가 있어야 하네
 문화재청의 관리들이 지원을 한다고 해도 소임자가
 바로 주지여야 한다니 참으로 슬픈 일이네
 주지들은 문화재청 관리들이 이교도가
 상대하기가 더 좋다고 하는 이야기를 들었네

통도사에 녹차밭을 조성해서 통도사 녹차를
세상에 내보내는 것이 또한 불교를 홍보하는 일
통도사 녹차를 전 국민들에게 보급하는 서원
그것은 바로 주지 소임자여야만 한다네.

범어사 녹차밭

범어사 금정산에 녹차밭을 조성해
푸른 들판에 녹초 잎이 자라는 것을 보면 알 수 있는데
바닷바람이 불어와 산을 에워싸고 돌고 있으니
녹차 나무를 심어 녹차를 생산할 수 있다고
범어사 창건 이래 한번도 그러한 일을
해본 적이 없었던 것이네
범어사 녹차밭을 조성하는 일도
주지라는 소임자가 명해야 할 터인데 그런 주지가
범어사에 있었던가를 묻지 않을 수 없다

일본 식민지 시대 선종 사찰이라는 명을 내렸던 시기
범어사에 녹차밭을 조성했다고 한다면 오늘날의 선다
선다일여의 의미를 바르게 고찰함이다
아, 그런데 그러한 역할을 하지 못했어

범어사에 녹차밭을 조성했다고 한다면
범어사는 녹차밭으로 명성이 났을 것이고
부산의 다인들은 범어사에 집결을 기다려
부산의 녹차 문화로 풍성한 포교하려는 서원
부산 불교를 세계 다인들의 범어사로.

창원 불모산 녹차밭

창원에 불모산이 있다. 불모산은 허황후 산이다
허황후를 위하여 불모산이라고 이름을 지었다
언제 그러한 이름이 지어졌는지 알 수 없지만
그 이름은 불모산이라고 했다
어느 왕이 불모산이라고 했는지 알 수 없네
불모산에 차나무를 심어
인도에서 온 차나무를 불모산에 심으면
그 이름이 온 천지에 울려 퍼지는 것을 기억해야 한다

어디에 불모산이라고 하는 명산이 있던가
불모산에 바람이 불어오는 소리를 들었나
불모산에 차밭을 일구어 불모산 차라 하면
허황후를 위한 차밭을 불모산 차밭이라고

봄바람이 불어오는 불모산을 걸어가네
겨울날 찬바람에 시달린 산을 돌아오던 길
성주사 부처님께 녹차 공양을 올리면
불모산에 녹차 바람이 불어오겠네.

지리산 아자방 차밭

지리산이 춤을 추네
덩실덩실 춤을 추는 아자방 차밭
용성 선사가 아자방에서 차를 녹차를

선승들과 같이 선차를 마신 용성 선사
지리산에 바람이 불어 녹차밭을 지나면
봄이 되어 녹차밭에 찬바람이 불어

세월이 지난 후에도 녹차밭에
아자방 칠불이 춤추는 날
새벽에 솟아오른 별빛

대밭의 이슬방울을 모아
아자방 녹차밭에 폭포처럼 쏟아지면
푸른 녹차 잎이 되어
아자방을 장엄하리.

지리산 실상사 녹차밭

지리산 실상사에 녹차밭을 조성하여
실상사 철부처님 전 녹차를 올리면
지난 일 모두 새롭게 푸름을 노래하리

지리산이 생긴 이래 가장 푸른 녹차밭
도솔천 미륵님도 미소 짓고 있으려니
세월을 원망하는데 오늘밤도 잊으리

새벽에 떠 있는 별 바라보고 속삭여
실상사 부처님에게 기도만 하려느냐
내일을 밟고 지나는 지리산 녹차밭을.

지리산 대원사 녹차밭

지리산 대원사에 가서 보았다
산 멀리로 보이는 봉우리에 태양이 솟아
대원사를 장엄하게 하고 있는데

대원사에 녹차밭을 조성했다면
맑은 공기를 마시고 살아가는 선승들에게
도솔천 미륵님의 맑은 설법 소리 들릴 텐데

언제나 푸름을 노래하는 대원사였을 것인데
봄날에 피는 꽃들을 가슴에 안고 살아
계절의 흐름을 지켜주지 못하네

대원사 녹차밭에 대한 이야기를
성철 대선사도 생각하지 못했나
한마디만 했어도 대원사에 녹차밭을.

지리산 화엄사 녹차밭

지리산 화엄사 야생 녹차밭을 일구어
계단을 따라 바윗돌 위에 심은 녹차를
지리산 찾아오는 사람들에게 대접하면
청정한 맑은 물 심장 속에 흐르는 피

화엄사 석경을 복원하여 녹차를 올리면
화엄사 부처님도 미소 지으며 중생을 구원할 힘주시니
동국에 제일가는 지리산을 에워싸고 도는 구름처럼
동국 제일의 녹차밭에 참새 떼 지어 날아오리

화엄사 종소리 울리고 있는 녹차밭
도솔천 내원궁에 미륵님이 녹차밭같이
바윗돌마다에 부처님 미소를 띄우면
여기가 바로 서방 정토 세상 선언한 서천이네.

송광사 녹차밭

고려 시대 보조 선사 마신 송광사 녹차를
혜심 선사 대를 이어서 마신 선법이여
정혜 결사 선언한 송광사를 생각하네

푸른 산 깊은 물이 흐르는 계절에도
녹차밭을 순례하며 행선을 하려던 수행 차밭
간화선을 실천해 정법을 전승한 송광사 녹차밭

구름도 산을 들고 일어나는 바람이 되어
천 마리 학 날개 접고 날아갈 듯 산길 둑에
선사들 차를 마시는 다선일념의 노래
타오르는 등불이 되어 어둠 속을 밝히리

여기에 그 무슨 원망이 있을쏘냐
밤이 깊도록 선승들의 용맹정진을
차를 달이는 사미승에게도 깨달음을
감로수 마시는 관음보살 되어라.

대둔산 녹차밭

초의 선사 걸음마다 차를 따는 손길
동다송 지어 세상에 다선을 알리는데
다산도 차를 마신 그날을 생각하네

당나라에서 전해진 다경을 읽고 또 읽어도
대둔산 깊은 바윗돌 위에 자란 녹차를
동자승의 손길에 대를 이어 전하는 선법

병들어 신음하는 노승의 눈빛처럼
어둠 속에 떠오른 새벽의 별빛이라
질화로에 달이는 녹차를 누구와 마시랴?

대둔산의 산신령님 받들어 모시는 날같이
부처님 전에 차 공양을 올리는 중생 마음
천 마리 허공을 나는 새가 되어 춤추리.

김해 장군 차

장군 차를 마신다. 금관가야에 전해진 인도 차나무
김해시 산등 위에 차나무를 심어 차를 생산하는 날
장군 차라고 고려 시대 충렬왕이 내린 차 이름이네
가야 이천년의 향기를 세상에 널리 펴려는 차 운동
차나무를 심어 금관가야의 역사를 성찰하고
내일에 오는 날을 생각하게 한다
노을이 내리는 날 차나무를 바라보면
산 멀리에 떠오르는 별을 바라보고 싶네

차나무를 바라보고 있으니 세상을 잊어버리고
김수로왕과 허황후가 만났던 그 장소에
왕후사를 건립했는데
그 장소가 어디인지 찾으려고 해도 찾을 수 없네
왕후사를 찾으면 그 장소에 왕후사를 건립하고
장군 차를 왕후사에 올리는 선녀들을 인도와 김해에서
선발해 차를 올리는 행사를 하세

김해의 장군 차를 마시는 날에 행복이란
금관 가야에 김수로왕과 허황후가 차를 마시던

그날을 회상하게 하는구나
푸른 소나무 가지에서 떨어진 이슬을 받아
차를 달이는 날을 선언이라도 하자꾸나.

시킴왕국 차밭 순례

인도에 갔다. 우리 순례단은 시킴왕국으로 갔다
자동차를 타고 어딘가로 갔는데 그곳에 가니
스님들이 건국한 나라라고 말했다
스님들이 건국한 나라에 차밭이 있는데
차밭 멀리로 히말리아산이 보였다
시킴왕국에 사찰이 있는데 스님이 건국하여
부처님을 받들고 있는 왕국 사람들이 있었네
산봉우리 위 구름은 차밭을 향해 구름을 보내더니
비를 내리게 하는 조화를 보이고 있는데

차를 따는 사람들은 시킴왕국 사람들이라
나라를 스님들이 건국해서 스님 나라였는데
부처님 전에 차를 올리는 것을 행복으로 여겼네

멀리로 히말리아 구름산이 보인다
산 위에 부처님의 미소가 보이고 있는 듯이
시킴왕국의 부처님 전에 올리는 차밭 차를
차에 대한 시를 쓰면서 잊을 수가 없구나
차밭에 차 향기가 넘치고 있음을 보았네.

중국 차밭 순례

중국 차밭을 갔다. 중국 선승들이 마시던 차밭이다
조주 선사에게 선객들이 불교 대의를 물으면
"여보게 차나 한잔하게" 이렇게 말했던 이야기가
지금도 전해지고 있으니 선다 이야기는
참으로 소중한 선법이네
조주 선사가 머문 지역에 갔네
그날에는 조주 선다의 의미를 알지 못했네
중국 조주원에 조주 선차비 건립 2001년 10월 19일
정중 무상평전을 읽었다

무상 마조 남전 조주 선법을 알아야 한다
조주는 차를 마시면서 평상심이라고 말했지
조주는 차 한잔하게 하는 화두를 주고
수행자들에게 차 선법을 가르쳐 주었다

조주 차 바람이 불어오는 중국에 갔다
북경에서 중국불교협회 본부 광제사에서
국제부장 보정 스님과 차를 마셨네
이것이 바로 조주 차라고 말할 수 있네.

일본 차밭 순례

우지시에 갔다. 우지시의 차 축제다
우지차 문화를 체험하게 하였는데 신 차를 올린다
우지차 밭은 800년의 역사를 자랑한다
중국에서 차가 전래된 이후
일본을 대표하는 차의 명소가 되었다
우지시의 차밭을 보고 있으니 아름다운 차밭
우지시의 차밭을 가서 보니 참으로 아름답다
이 같은 차밭을 시에서 운영하고 있으니 발전하네

차를 생산하는 나라마다 일본과 같이
차밭을 관리하고 방법을 활용하면
차 문화는 더욱 더 발전할 것인데
차 마시는 법을 상호 교류해야 한다

우지마을에 녹차 재배의 역사는
묘에 스님이 말을 타고 말을 달린 곳에
차나무를 심으라고 알렸던 곳이 지금의 차나무 밭
그 이름이 말차라고 말하고 있네.

제5부 차를 마시고

원각 해인 총림 방장 스님과의 차담

　해인사에 갔었다. 비구계를 수지하고 금강계단 앞에 섰다
　비구 시절에 해인사 대적광전 부처님을 시봉하는 부전을 살 때에
　지월 주지 스님의 축원을 들었던 시기
　참으로 아름다운 천상의 목소리
　분명 천상의 목소리라고 생각하면서 살았던 시절
　지금은 그 시절 선원의 도반이었던 원각 해인 총림의 방장 스님과 차담을 하고 있는데
　세민 대한불교조계종 원로의장, 대한불교조계종 포교원장 혜총 스님과 함께 있었다
　지나간 이야기를 하고 있어도 그날에 추억은
　해인사 총림을 선포했던 시절의 해인사는
　분명 아니었다

　해인 총림 율주 종진 스님 떠난 그 자리
　차를 마시고 뒤돌아 나온 날의 허무함은
　인생이라는 이름으로 삶을 노래하지만
　가야산에 떠 있는 새벽별을 보던 시절

지나고 보면 추억일 뿐이로구나

해인 총림에서 수행하던 나의 옛 추억은
성철 해인사 방장 스님도 지월 주지 스님도
재무 초우 스님도 교무 보성 스님도
이젠 그날에 총무 도성 스님만 있네.

통도사 전 방장 원명 대선사와의 차담

  통도사 산내 암자인 극락암 삼소굴에 왔다
  경봉 대선사 상좌인 명정 선사 입적하던 날
  전국에서 선사들이 모이는데 참여했더니
  시자가 녹차 찻잔을 들고 와서 자리에 놓았다
  통도사 전 방장 원명 대선사와 봉암사 정명 선사도 참여를 했는데
  정명 선사는 1980년 10월 27일 불교법난을 당했을 때
  신군부의 명을 받고 대한불교조계종에 왔던 선승
  세월을 노래할 수 없이 인생의 배는 가고 있구나

  명정 선사는 동화사 금당선원에서 정진할 시기에
  함께 정진을 하였던 인연이 있어서 평상시
  자주 대화를 하였던 기억이 있지만 언제나 차를 달여
  나에게 주면서 미소를 보이기도 했던 명정 선사
  어디에서 무엇을 말하고 있는지 말해 보시라

  인간이라는 둘레를 벗어나지 못하고 찾아온 병
  선수행자에게 있어서 선병禪病이라고 말할 수 있지
  이제는 극락암 삼소굴에서 차를 마시는 일도

하나의 추억이라고 기록할 수밖에 없구나
영축산 호랑이의 수염이 날리는구나.

송광사 법홍 대종사와 차를 마시고

송광사 대종사 법홍 선사가 주는 차를 마시고
지난 세상 이야기를 듣고 있으니 차맛이 절로 난다
법홍 선사는 효봉 선사의 마지막 남은 제자로서
송광사 총림에 유나이고 송광사 회주라는 직책으로
화엄전에 방우산방이라는 시인 조지훈 글에서 찾아
스승을 잊지 않으려는 그 정성이 남아 있는 모습
속가의 스승이나 출가의 스승을 받들고 있네

법홍 대선사 설법을 듣고자 방우산방에 모이는
선각도 많지만 한번 눈으로 보아 기록을 하면
수학 공식도 지금도 기억해낸다는 선사의 설법
문경에 있는 봉암사를 동경하여 승려가 되었다네

해인사 장주로 있을 때에는 하루에 3천5백 번 절을 하고
선승들과 같은 정진을 하였던 법홍 대종사였다
조지훈 시를 모두 외우고 있는 암송대가
부처님 시대에 아란존자가 아닌가 한다
한번 기억하면 잃어버리는 것이 없는 선사
차 한잔을 마시고 옛 선사의 게송을 듣는다.

덕숭산 총림 설정 방장과 차를 마시고

덕숭산 총림 설정 방장 스님을 참배하고
무진장 불교문화연구원이라는 간판 글을 받고
정혜사 차방에서 차를 진철문 박사와 마시면서
만공 대선사가 데라우치와 대화를 했던 이야기 듣고
수덕사 주지의 외침 소리 조선을 울리었다고
만해도 칭찬한 그날을 기억하게 했다
덕숭산 정혜사 앞뜰에는 새들이 날아와
노래를 부르고 있지만 무슨 노래인지
알 수 없는 노랫가락이구나

차를 마시는 다방에는 방문객들이 모여와
자리를 물러나야 할 정도로 인기가 있어
설정 방장 스님 설법 소리 덕숭산을 울리고 있는데
만공 대선사의 목소리는 들리지 않네

정혜사 만공 대선사 진영이 있는 곳에서
두 손을 모으고 합장하고 있는 나에게는
만공 대선사 외침 소리 들려오네.

무산 대종사 열반 1주년

무산 대종사 열반 1주년이다
시인이라는 그 명칭을 얻었던 그때
내 자신도 시인이 되었다

언제나 시인이라는 벗으로
신흥사 주지로 있을 때에는
다정하게 대해 주었던 선배 시인

승려 시인들 가운데 유독 백수 정완영 제자가 많은데
나는 아니라는 사실을 그날에 말했던 사이
당당하게 시문학 시인이 되었지

그래서 오현 시인에 대한 칭호를 얻고
다정한 시 벗으로 대화를 자주했던 시인
그런데 어느덧 경쟁 시인이 되어
세상을 노래하는데 차이가 있었네

자연주의 시인 민족 시인이라는 갈래에서
서로를 나투는 의미를 상상했던 길
그런데 이제는 차 한잔할 수 없네.

대흥사 보선 대종사와 차를 마시고

대흥사 보선 대종사 방에서 차를 마시고
과거에 초의 다선승의 이야기를 듣고
대흥사 강사 혜장 스님과 다산 정약용의
다선 이야기를 들려주던 보선 대종사
세월의 긴긴 고목이 되어 꽃을 피우면
차나무에서 꽃이 피는 소리를 듣겠나

저기 까치 한 마리가 노래를 부르고 있는 아침
초의 선승 다산 정약용을 위해 차 마시는 법을
가르쳐 주었던 그날의 역사를 기억하게 한다는
그날의 역사를 오늘에 되살려 보았네

대흥사 일지암에 모여든 유배 문인들에게도
차 마시는 법을 배우게 하였던 지난 인연들
보선 대종사에게 주어진 가치를 인정하고
미래를 향해 진리를 베푸는 차 공양이여
초의가 쓴 동다송을 읽고 또 읽고 있음도
나에게는 행복이라고 말할 수 있어 좋아.

부산 금정산 선찰대본산 금정총림에서

부산 금정산 선찰대본산 금정총림에서는
동산당 혜일 대종사 54주기 추모제를 봉행
지유 금정총림 방장 대선사와 차를 마시고
설법 소리 듣고 있으니 참으로 행복하구나
동산 대종사가 대바람 소리에 깨달음을 얻고
중생을 구원하려고 했던 그날을 기억하게 하네

금정산에 울리는 소쩍새 우는 소리를 듣고
동산 대종사님의 설법 소리를 들으니
무진장 대종사님 동산노사 찬양한 말씀
금정산 바윗돌을 굴리고 있는 이끼처럼
금정산 바위마다 돌 굴러가는 소리 들리네

지유 방장 스님이 권하는 차를 마시는 선승들은
초의 선승을 추종하던 용성 대종사의 계법을 얻어
금정총림은 서상 수계의 법을 이어 온 계단
범어사 도량에 마련한 차를 마시는 것도 또한 행복
푸른 대나무 이파리에 떨어지는 이슬방울을 굴려
지유 대종사님의 설법을 듣고 있으니
솔바람 차 노래 울리고 있는 날이네.

영주 부석사 근일 대선사와 차를 마시고

　　영주 부석사 근일 대선사가 주신 차를 마시고
　　팔공산 동화사 금당선원에서 정진하던 생각이 났다
　　부석사에 찾아온 것은 의상 스님의 사랑 이야기
　　선묘화의 미소를 보기 위하여 왔다
　　당나라 유학을 갔을 때에 후원했던 선묘화
　　이러한 전설을 이야기하는 것은 재미있지만
　　신라 문무왕에 대한 예우는 아닌 것 같다
　　선묘화 보살이 부석사를 건립하는 일에 참여했다고 하면 몰라도
　　용이 되었다는 것에 대하여서는 잘못이네

　　근일 대선사 정진하는 토방에 이르러서
　　대선사 친견하는 연락을 했지만 사립문
　　그 사립문 밖에 누가 있어 부르는가
　　부석사 법당 앞 바위마다에 핀 꽃
　　만나면 꽃에 대한 이야기나 하려 하네

　　어느 누가 와도 문을 열지 않는다는데
　　그날은 문을 열었더니

사미 선승을 만나려고 문을 열었나 보다
근일 대종사 선방에서 차를 마시니
동화사 금당선원 그날이 생각나네.

쌍계사 야생 녹차밭

하동 쌍계사 야생 녹차밭에 갔다
녹차밭을 신라 시대 828년 흥덕왕 대렴공이 당나라에서
차나무 씨를 가져와서 지리산에 심었다고 한다
그 차나무가 지금도 자라고 있다면
역사를 말할 수 있어서 좋으련만
쌍계사를 개창한 진감 선사는 차밭을
크게 넓혀 십리 길에 차를 심었다고 하니
쌍계사 방장 고산 대종사님의 원력으로 지리산 중턱에
쌍계사 차밭을 조성하는 서원을 세운다면 어떠하리

고산 대종사님이 차를 세계에 전한다고 한다면
지리산 쌍계사 차명을 고산 대종사 차라고 하여
진감 국사의 존재를 말할 수 있어 좋으련만
인연이 있어야 하는 일이기에 말할 수 없네

지리산 쌍계사에 가면 육조의 정상탑이 있어
지리산에서 야생차를 달여 올리는 정성은
당나라 선승인 혜능의 선법을 전해 받아
동방에 전하는 혜능선차라고 말하려네.

축석사 무여 대종사님과 차를 마시고

봉화 축석사에 갔다. 선원이 있는 산봉 아래에 앉았다
탑이 서산 노을 속으로 들어가고 있던 시간이었는데
산 숲에서는 새들의 노랫소리 울리고 있었다
시자 스님이 와서 어디에서 왔느냐고
서울에서 왔다고 하니 반가이 맞는다
축석사 무여 대종사 앞에 삼배의 절을 올리고 앉으니
시자에게 차를 가져오라고 하여 차를 마셨다
선열당에는 참선하는 수좌들의 용맹정진의 몸
수레를 이끌고 어디를 가려느냐

무여 대종사 설법 소리 듣고 있으니
시간 가는 줄도 모르고 하늘에 별이 내려
산문을 나오는 바람처럼 축석사 부처님 전에
녹차를 올리는 시자의 염불 소리 들리네

축석사는 신라 문무왕 시대 의상 대사가
영주 부석사보다도 3년 전에 창건했다고
의상 스님의 설법 소리가 들리니
차 한잔 마시도록 권하네.

중앙승가대 다도학과 설치를 위해

중앙승가대에 다도학과를 설치해서
선승들에게 차를 공급하는 운동을 전개해야 하는데
강석주 학장 스님도 그러한 생각을 하지 못했네

지금이라도 다도학과를 설치하여
전국에서 수행하고 있는 선승들에게
선차를 공급하기 위해
사찰에서 차를 전국적으로 재배하여
선차를 마시게 하리

중앙승가대학에 다도학과를 설치한다면
전국에서 정진하고 있는 선승들에게
진리를 밝히는 등불이 되어
동방 최고의 차밭을
사찰에서 건립할 수 있으리라

중앙승가대학 대학원에서 박사를 받고
동방대학원대학에 석좌교수로 있으면서
다도에 대한 역사를 알게 되었다.

무등산에 살 때

무등산에는 문빈정사가 있는데
민주화운동에 대한 기초를 학습하던 사찰이여
문빈정사 주지였던 지선 스님과 차를 마시면서
광주에서 민주화운동을 실천했네

무등산 등 너머로 보이는 태양을 바라보며
서석대 바위에 피어 있는 야생 녹차를 따고
갈대가 바람에 날리는 무등산 자락
밤은 깊어만 가는데 달마를 그리고
차를 마시는 날은 참으로 좋았어

무등산에 사는 날을 기억하기 위하여
무등산 산비탈에 자란 야생 녹차를
항아리에 담아서 세월을 노래하면
푸름이 무등산을 덮을 때
무등산의 찬서리는 녹차밭을
아름답게 가꾸리라

봄이 오는 날 야생 녹차밭은

천상에서 내려온 조주 선다가 되리
무등산은 천상의 선다 밭이네.

채벽암 스님과 차를 마시고

채벽암 스님과 차를 마신다
차 마시는 차방에는 황진경 스님 송월주 스님도
차를 마시는 법을 배우라고 말한다

선학원에는 전국에서 모여든 선각들과
행정관료 승려들이 모여들었는데
그 시기에 우리는 차를 대접했다

선학원 아랫방에는 청담 전 종정 스님과
대의 대종사 스님이 방을 차지하고 있었는데
청담 전 종정 스님을 시봉하는 행자가 있고
대의 스님을 시봉하는 행자는 오늘날에 법매
시인이 되어 최고의 시인이라네

초하룻날에 법문은 전강 큰스님을 청하여 하고
녹차를 대접하는 소임은 바로 진관 비구였다
그리고 향곡 선사도 선학원에 왔을 시기엔
녹차를 대접하는 다각 소임자였다
지금 생각하면 아름다운 날들의 추억이여.

진관사 진관 주지 스님

   진관사에 갔다. 참을성 있는 비구니 스님이다
   불문에 들어와 법명이 같기에 다정했다
   세상 어두운 밤이 오면 진관사 진관 스님을 찾아가면
   진관 스님은 나를 반가이 맞아주면서 차를 내오라고 하면서
   찻잔 상에 차를 내어 주는 자비심을 보여 주었다
   그래서 자주 찾아가 세상 이야기를 하면 다 들어주는 자상한 비구니 스님이었다
   진관사에 겨울이 오면 산속 깊은 곳의 차나무라도
   진관사 뜰에 심었으면 좋으련만

   진관사 주지 스님은 청산에 나비다
   날개를 접고 앉아서 노래를 부르는 나비
   이름이 진관이라고 하여 반가이 맞아 준 스님
   내 언제나 진관사 주지 스님을 잊지 못하지

   진관 스님은 다정한 미소를 지녔다
   세월이 기억하게 하듯이 진관사에 밤은
   하늘에 떠 있는 초승 별이 되기도 한다
   별아, 진관사의 진관 스님을 위해 빛이 되어라.

승가사 상륜 스님

삼각산 아미타불이 노래하고 있듯이
승가사 상륜 스님 차를 달여 내놓으면
삼각산 산새도 날아와 차를 마신다

구름이 산등을 오르고
어디에서 왔는지 알 수 없는 녹차를 내어
상륜 스님은 나에게 차를 내려주는
참된 벗이 되기도 한다

삼각산 바윗돌 위에 구름이 산을 들고 일어나
푸른 이끼를 긁어모아
삼각산 승가사에 녹차밭을 조성하면
삼각산 승가사 녹차가 되리라

차에 대한 도를 아는 선승이 있었다면
삼각산 바위마다에 차를 심어
승가사에 찾아오는 사람들에게 희망을 주련만
이제 승가사 녹차밭을 조성하면 좋겠네.

시인 원광 스님과 차를 마신 날

부산에 가서 시인 원광 스님과 차를 마시는데
부산의 차인회 간부들을 소개해 주었다
차를 마시는 방 앞에는 난의 꽃향기 가득하네

차 한잔하게나 하던 날이 그리워지고
시인의 시를 읽어 주던 그날이 눈에 선하네

지금도 시인 원광 스님이 그리워지는 것은
부산에 가서도 차를 함께 마시며 시를 논할
그날 같은 시인이 없어 더욱 그립네

밤이 깊으면 깊을수록 아름다운 녹차 맛을
해인사에 살 때 성철 스승과의 대화를 들려주고
초의가 쓴 동다송에 대한 이야기도
원광 시인이 떠난 이후 차에 대한 시를 쓰려고
부산에 찾아오니 그날에 시인 원광 스님 생각나네.

수덕사 혜암 대종사와 차를 마시고

수덕사 혜암 대종사 100살 때
차를 마시고 선법 이야기를 했지

남산에 푸른 소나무가 바윗돌 위에
매달려 있는 것을 보았는데

이것이 무엇인가
이렇게 말했더니

그것은 틀렸다
그것은 아니야

그날에 차나 한잔하게나
자 차 한잔 주게나

비구니 스님은
나에게 차를 한잔.

도리사 사리 발견하던 날

도리사의 세존 사리탑인 금동사리탑을 발견했을 때
전국에서 고승들이 집결하고 있었을 시기에 참배했지
그날 수덕사 혜암 대종사가 참여했는데
자신은 자동차를 타고 왔는데 경봉 선사는
당시 시자에 업혀 왔다고 했다

도리사에서 사리탑을 친견하고
차를 마시면서 수좌는 운전을
할 수 있나를 물었다

나는 마음에 운전을 하는 줄 모르고
실지로 자동차 운전을 하는 것인 줄 알았다
운전을 잘해 야행 운전을 말이야

도리사에서 차를 마시고
사리탑 발견할 시기에
도리사에 참배를 하려고 왔던
그 많은 선사들은 없네.

봉암사 선원에서 차를 마시고

　봉암사에 갔다. 선객들이 모인 조계종 선원이다
　불교 정화운동의 목표를 세우고 일어난 불교 정화운동의 도량
　불교 결사의 정신을 이어 가려고 했던 봉암사 선원 참배하던 날에
　서암 홍근 봉암사 조실과 차를 마시고 있으니
　참으로 행복한 날이었다
　세상일 모두 잊고 출가 수행자로서 봉암사 선원을
　구산선문 선풍을 일으키려고 하는
　선승의 기질을 보여 주고 있는 산문이다

　선객들은 봉암사 선원에 앉아서 차를 마시고
　구산선문의 선풍을 일으키려고 하는 결사
　이것이 바로 조계종 선종의 정통성을
　바르게 세우려고 했던 결사의 정신

　지금도 잊을 수 없는 것은 서암 홍근 봉암사 조실과
　　조실 방에서 차를 마시고 있는 날을 기억하게 하려 한다

차를 마시는 날을 기억하게 하려는 것은 차를 홍보
구산선문 봉암사에서 녹차를 선전하는 시간이었네.

표충사 주지 법기 스님과 차를 마시고

   표충사 주지로 소임을 받던 날부터
   사명 스님을 위하여 다래제를 올리는 것을
   표충사의 최고의 행사로 여기고 있는데
   표충사에 가서 보니 사명 스님께 올리는 차 공양을 할 때
   전국에서 모인 다인들 108명이 차 공양을 올리는 것을 보았다
   찻잔을 들고 줄을 서서 차 공양을 올리는 그 모습을 보니
   지상에서 천상으로 오르는 금강산 선녀들 같은
   그러한 모습을 보고 있는 듯하다
   표충사에 봄바람이 불어오고 가을날에 단풍이 들어온 산천에 꽃들이 만발할 시기에 표충사의 차나무로
   사명 스님 다래제에 차를 올리는 것이 어떻겠소

   새봄이 오는 표충사에 밤이 오면
   하늘의 별이 되어 빛을 토하리라
   빛이 된 하늘의 별이여
   학처럼 날아오르는 날이여

표충사에서 사명 스님 다래제를 올리는 날
한 편의 시를 낭독하고 사례비를 받고
시인이라는 그 명성을 다인들과 함께
이 날이 기다려지네.

종훈 스님과 차를 마신 날

불교문화사업단장 종훈 스님의 사무실에서
녹차를 마시는 법을 배우고 있으니
녹차를 보는 눈이 열리고 있었다

종훈 스님은 녹차를 즐겨 마시는데
인사동에 있는 찻집에 가서 50년 된 녹차를
화주를 하여 나에게도 참새 눈물방울만큼 주고
녹차를 마시는 법을 강의하였다

녹차를 마시면 세상이 보인다고
선승들이 차를 마시고 깨달았다는
행복을 노래하는 차 마시는 즐거움이여

강의를 듣고 있으니 중국에 가서 녹차밭을
순례하고 온 일을 기억하게 한다
종훈 스님과 차를 마시는 날을 기억하며
녹차 마시는 법을 배우려고 한다.

조계사 주지 세민 스님과 차를 마시고

  조계사 주지를 한다는 것은 행복이다
1910년 각황사를 건립하고
원종 총무원을 각황사에 이전했다
승려들에게 도성 출입금지를 명한 임금은 인조인데
300년 만에 도성에 승려들이 출입할 수 있는데
이 모든 것은 일본 승려 사노에 의해서 이루어진 역사다
그런데 그러한 역사를 말하면 친일파로 몰아
근대 불교사에 대한 연구를 바르게 하지 못하네
1938년 조선불교 총본산 태고사라고 사찰의 명칭을 변경했는데
1953년 불교정화 이후에 조계사라는 명칭으로 변경되었다

  세민 스님이 주지로 온 날부터 차를 마시니
차 마시는 법을 알게 되었다는 사실을 말함이다
차를 마시는 역사는 깊은 산간에서만 마시는 것이
아니라는 것을 알게 되었다

세민 조계사 주지 스님 2년 동안에는 참으로
차를 마시는 행복으로 조계사에서 살았다
조계사에서 녹차를 마시는 법회가 이루어지면
세계 녹차 대회를 열어 중생을 위한 도량이 될 것인데.

명원 김미희 다선 보살을

김미희 다선 보살을 보았다
1967년에 명원 다회를 설립했고
1976년에 일지암 복원 불사를 했다고 했다

일지암을 복원했다는 것은 초의 선사를
세상에 다시 태어나게 했다는 사실을
불교계에서는 기억하지 못하고 있구나

이번에 차를 주제로 시를 쓰면서
차에 대한 역사를 알게 되고
일지암이 복원되었다는 것을

김미희 선생을 다선 보살이라고
도솔천 내원궁 미륵님 앞에 모시고
차에 관한 시집을 발간하려고 하네

김해 장군 차 밭을 걸어보았고
보성의 녹차밭을 석양에서 보았다
오늘 하동 쌍계사 녹차밭을 걸었다
익산에 있는 웅포에 차밭을.

후기

사미 시절 다각을 했을 때 선다를 연구했다면 오늘날에는 다도에 대한 연구자가 되었을 것인데 세월이 많이도 흘렀다.

법화경의 사경은 공덕이 있을 것이라고 생각하면서 사명 스님께서 법화경 6만 9천자를 사경(寫經)했다고 하니 나 역시 4번째 사경을 하고 있는데 감기가 와서 좀 느린 면이 없지 않다. 신심을 내어 사경을 하려 한다.

차를 마시는 도반 진철문 박사를 통해 차를 마시는 법을 알게 되고 이렇게 차에 대한 시집을 창작하게 되었다.

조선 정재 이목 선생은 다의 아버지라고 했고 『동다송』을 창작한 초의 스님과 『다송자』를 쓴 송광사 스님 이후에 차에 관한 시를 쓴 이는 바로 진관이라 말할 수 있다.

  시집 제목을 『달마선다達摩禪茶』라고 한다.

2020년 8월에 시집을 내면서
진관 합장

達摩禪茶
달마선다

발행 | 2020년 8월 17일
지은이 | 진관
펴낸이 | 김명덕
펴낸곳 | 한강출판사
홈페이지 | www.mhspace.co.kr
등록 | 1988년 1월 15일(제8-39호)
주소 | 서울시 종로구 우정국로 40-1, 4층(견지동)
전화 02) 735-4257, 734-4283 팩스 02) 739-4285

값 12,000원

ISBN 978-89-5794-447-9 04810
　　　978-89-88440-00-1 (세트)

※ 저자와의 협약에 의해 인지는 생략합니다.
※ 이 도서의 국립중앙도서관 출판예정도서목록(CIP)은 서지정보
　유통지원시스템 홈페이지(http://seoji.nl.go.kr)와 국가자료공
　동목록시스템(http://www.nl.go.kr/kolisnet)에서 이용하실 수
　있습니다.(CIP제어번호: CIP2020033434)